Primeros Lectores Ciencias
Transportes

Camiones de bomberos

Texto: Peter Brady
Traducción: Dr. Martín Luis Guzmán Ferrer
Revisión de la traducción: María Rebeca Cartes

Consultora de la traducción:
Dra. Isabel Schon, Directora
Centro para el Estudio de Libros
Infantiles y Juveniles en Español
California State University-San Marcos

Bridgestone Books
an imprint of Capstone Press
Mankato, Minnesota

Camiones de bomberos

Los camiones de bomberos llevan a los bomberos a los incendios. También llevan las herramientas de los bomberos. Se usan diferentes camiones para los diferentes tipos de incendios.

Camiones contra incendios

El camión contra incendios es un camión de usos múltiples. Tiene escaleras y mangueras. Puede bombear agua de su propio tanquc. También puede bombear agua de una toma contra incendios.

Camiones con escaleras

Algunos camiones de bomberos tienen grandes escaleras sobre discos giratorios. Algunos tienen plataformas o jaulas al final de la escalera. Éstas se usan para subir a los bomberos a las partes altas de los edificios.

Camiones con plataformas levadizas

Los camiones con plataformas levadizas tienen un brazo mecánico. Pero no tienen escalera. Sobre el brazo mecánico tienen una jaula o una boquilla. El brazo mecánico se usa para subir agua o bomberos a lugares elevados.

Camiones con autobombas

Los camiones con autobombas llevan su propia reserva de agua en un tanque. También pueden bombear agua de un arroyo o estanque. Se emplean contra incendios en el campo porque ahí no hay tomas de agua.

Helicópteros y aviones

Cuando hay un incendio en el bosque, se necesitan helicópteros y aviones. Éstos hacen el trabajo del camión de bomberos. Esparcen o dejan caer químicos para sofocar las llamas. Los bomberos en la tierra ayudan rociando agua en el suelo.